# 刺繍で楽しむ
# いわさきちひろの世界

著 寺西 恵里子
Eriko Teranishi

日東書院

はじめに・・・・・・・・・・・P.4
いわさきちひろについて・・・・P.5

## Contents
### もくじ

### *Spring*
いわさきちひろの春・・・・P.6
- わらびを持つ少女
- チューリップとあかちゃん

刺しゅうを使った作品
- ボードフレーム

### *Summer*
いわさきちひろの夏・・・・P.8
- 貝がらと三つ編みの少女
- ひまわりとあかちゃん

刺しゅうを使った作品
- ポケットトートバッグ

### *Autumn*
いわさきちひろの秋・・・・P.10
- ぶどうを持つ少女
- 落ち葉とどんぐりと子ども

刺しゅうを使った作品
- ホワイトフレーム

### *Winter*
いわさきちひろの冬・・・・P.12
- 「雪のなかで」
- 赤い毛糸帽の女の子

刺しゅうを使った作品
- フリースマフラー

## *Children*
### いわさきちひろの子どもたち・・・・P.14

花を持つフリルのワンピースの女の子
小さな花を持つワンピースの女の子
着がえをする女の子
買いもの袋を抱える男の子
ヤシの木に登る男の子
紫色の馬と少女
ノースリーブの女の子
のびをする子ども

刺しゅうを使った作品
　フリル巾着
　紺色のフレーム
　ブックカバー

## *Babies*
### いわさきちひろのあかちゃん・・・・P.20

　左を向いてお座りする女の子
　おむつをしたあかちゃん
　ハイハイするあかちゃんの後ろ姿
　右手をくちにそえるあかちゃん
　左利きのあかちゃん
　スプーンを持つあかちゃん

刺しゅうを使った作品
　　ベビースタイ

## *Animal Goods*
### いわさきちひろのどうぶつやこもの・・・・P.24

　アヒルとクマとあかちゃん
　くまのぬいぐるみ
　青い鳥と少女
　赤い小鳥
　ティーセットとグラスにさしたスイートピー

刺しゅうを使った作品
　　ちいさなぬいぐるみ

　　　Point Lesson ・・・・・・・・・・・P.28
　　　掲載作品の作り方・・・・・・・・・P.36
　　　この本で使用したいわさきちひろの作品一覧・・P.63
　　　この本の図案・・・・・・・・・・・P.65

## はじめに

きれいな色の組み合わせに惹かれ……
小さな子どもの仕草に惹かれ……

いつからか、そばにあった
いわさきちひろの世界

なにをどう描こうと思ったのか……
なぞっていくように刺しゅうする。

一針一針
いわさきちひろに寄り添って……

あかちゃんを刺しゅうすると
ふわっと赤ちゃんの匂いがしそうで

子どもたちを刺しゅうすると
今にも話しかけてきそうで……

1つの刺しゅうから
感じるものはたくさん……

優しい気持ちになったり
楽しい気持ちになったり……

刺しゅう……
そこから生まれる物語も。

小さな一針に
大きな願いを込めて……

寺西 恵里子

## いわさきちひろについて

いわさきちひろ（1918-1974）は、日本の絵本作家で画家。温かく柔らかなタッチの水彩画で知られています。彼女の作品には、子どもたちの純粋さや優しさが豊かに表現されており、繊細でやわらかい色彩と線が特徴的です。特に、子どもや母親の視点から描かれた作品が多くの人に親しまれています。

いわさきちひろ　赤い小鳥　1971年

いわさきちひろ　アヒルとクマとあかちゃん　1971年

彼女の代表作には、『ことりのくるひ』（至光社）や『戦火のなかの子どもたち』（岩崎書店）などがあります。また、彼女の絵は、日本国内だけでなく、国際的にも高く評価されています。
彼女の作品には、戦争を体験した世代として、平和への願いを込めたものも多く、その作品は現在も多くの人々に愛され続けています。

### ちひろ美術館・東京

いわさきちひろが22年間暮らした自宅兼アトリエの一角に、没後3年目の1977年、絵本美術館として開館しました。

〒177-0042
東京都練馬区下石神井4-7-2
TEL：03-3995-0612
テレフォンガイド：03-3995-3001

### 安曇野ちひろ美術館

ちひろにとって、幼いころから親しんだ心のふるさと安曇野に1997年、ちひろ美術館・東京の開館20周年を記念して開館しました。

〒399-8501
長野県北安曇郡松川村西原3358-24
TEL：0261-62-0772

ちひろ美術館公式サイト　chihiro.jp

ちひろ美術館は、子どもたちが人生で初めて訪れる美術館「ファーストミュージアム」として親しんでいただけるよう工夫された美術館です。

## いわさきちひろの春夏秋冬

いわさきちひろの
ちいさな子どもの春夏秋冬……
季節を感じる絵を刺しゅうしました。

 春 ……植物が芽吹く、優しい色の世界

### わらびを持つ少女

how to make P.36

## チューリップとあかちゃん

優しい色を
ちくちく刺して……

how to make P.37

## ボードフレーム

how to make P.62

いわさきちひろの春夏秋冬

 ……お日様あびて、元気いっぱい！

貝がらと三つ編みの少女

how to make P.38

# ひまわりとあかちゃん

how to make P.39

明るい日差しを
うけるように
刺して……

## ポケットトートバッグ

how to make P.58

いわさきちひろの春夏秋冬

秋 ……色づく季節を楽しんで！

ぶどうを持つ少女

how to make P.40

### 落ち葉とどんぐりと子ども

色を描くように
刺して、混ぜて……

ホワイトフレーム

how to make P.62

how to make P.41

# Winter
いわさきちひろの春夏秋冬

冬 ……雪の降る景色を描いて

「雪のなかで」

how to make P.42

## 赤い毛糸帽の女の子

how to make P.43

## フリースマフラー

雪を描く……
ちくちくふらせて

how to make P.59

いわさきちひろの子どもたち

子どもたちのかわいい姿を描いた
いわさきちひろの愛溢れる絵……
一針一針、愛をなぞって刺しゅうしていきたい。

小さなお花が似合う女の子を刺しゅうして……

### 花を持つフリルのワンピースの女の子

how to make P.44

## 小さな花をもつワンピースの女の子

表情がポイント
目を刺しゅうする時が
ドキドキ……

how to make P.45

### フリル巾着

how to make P.59

着がえをする女の子

how to make P.46

買いもの袋を抱える男の子

P.46 how to make

ちょっとした仕草、表情を見つける……

**ヤシの木に登る男の子**

how to make P.47

**紺色のフレーム**

P.62 how to make

絵を見ながら
刺しゅうするのが
楽しい……

何かを思う、その表情を捉えて……

**紫色の馬と少女**

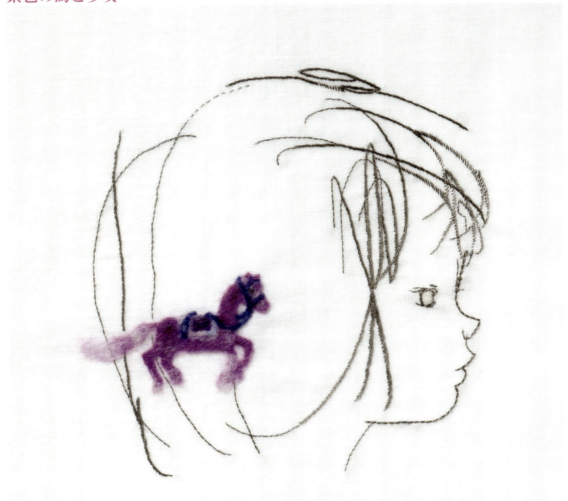

how to make P.28

つぶらな瞳を
大切に刺しゅうして……

ノースリーブの女の子

how to make P.49

のびをする子ども

ブックカバー

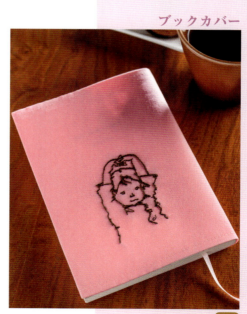

how to make P.49

how to make P.60

切り取った一瞬のかわいさ
いつまでもそばにおきたいかわいさ
あかちゃんの時を大切に刺しゅうしたい。

小さな動きが愛おしい……

**左を向いてお座りする女の子**

how to make P.50

おむつをしたあかちゃん

how to make P.51

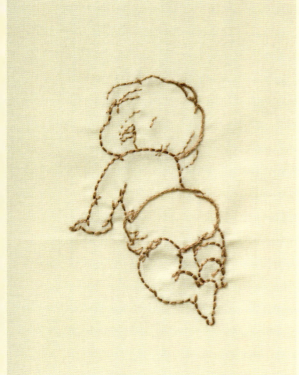

ハイハイするあかちゃんの後ろ姿

かわいいと思いながら
刺しゅうする楽しさ……

how to make P.51

右手をくちにそえるあかちゃん

how to make P.52

左利きのあかちゃん

how to make P.52

22

あかちゃんの温もりを刺しゅうに……

## スプーンを持つあかちゃん

how to make P.53

絵と話しながら
絵に思いを馳せて……

ベビースタイ

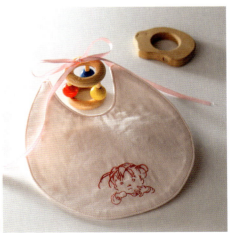

how to make P.61

いわさきちひろの
どうぶつやこもの

どうぶつやこものもあたたかい
1つ1つがかわいくて……
刺しゅうしてみたくなる。

あたたかさを伝える刺しゅうを……

**アヒルとクマとあかちゃん**

how to make P.54

ちいさなぬいぐるみ

how to make P.60

くまのぬいぐるみ

どう描いたんだろう
考えるのも楽しい……

how to make P.55

青い鳥と少女

how to make P.56

赤い小鳥

how to make P.55

小さなところにも愛を伝える刺しゅうを……

そこに鳥がいるように
そこにカップがあるように……

## ティーセットとグラスにさしたスイートピー

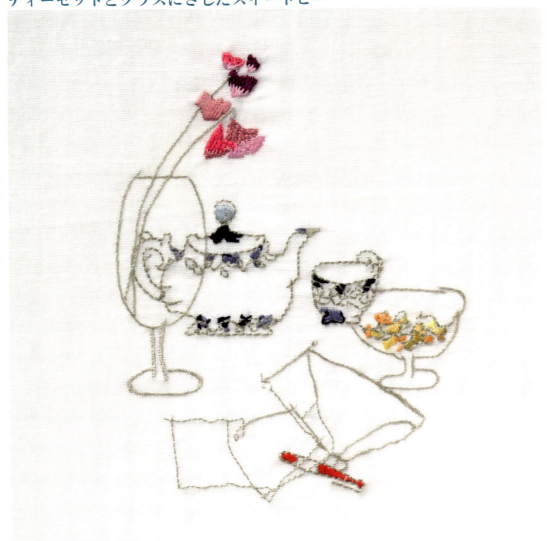

how to make P.57

27

## Point Lesson
この本の刺しゅうは、難しい技法はありませんが、
いくつかのポイントがあります。
まずはここを読んでからはじめましょう！

### 紫色の馬と少女

作品 P.18 刺し方 P.48 図案 P.74

[刺しゅう] 解説：P.28-30　　[羊毛刺しゅう] 解説：P.31-32
[材　料] 25番刺しゅう糸　　[材　料] フェルト羊毛
グレー（DMC645）　　　　　紫(57)・濃い紫(26)・赤紫(48)・白(1)・青(4)・
　　　　　　　　　　　　　　薄青(7)・グレー(55)・生成り(801)

## 刺しゅうのレッスン

### 1 図案を写します

布に図案を写します。
※写し方はP.33

### 2 顔の前を刺します

**バックステッチ**

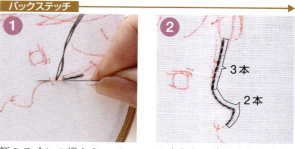

① 顔のラインの端から、バックステッチ（3本どり）で刺します。

② 2本どりで鼻先を刺します。

**バックステッチ**

③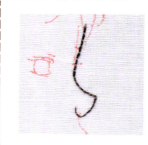

1本どりで鼻の根元を刺します。

### Point バックステッチ

[裏]

バックステッチは、本数をかえて原画のラインを表現しています。
糸始末をしながらステッチします。
糸端は裏にわたっている糸にそれぞれからめ、表にひびかないようにしましょう。

④

1本どりで鼻の下を刺します。

⑤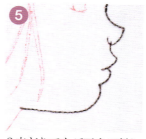

2本どりであご下まで刺します。

⑥

1本どりで首を刺します。

⑦

顔のラインが刺せました。

## 3 横の髪を刺します

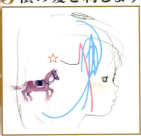

①　——のラインを刺します。端（☆）からバックステッチ（1本どり）で刺します。

**アウトラインステッチ**

②　続けてアウトラインステッチ（1本どり）で刺します。

③　線を太くしながら、続けて刺します。

**まびきアウトラインステッチ**

④　ステッチとステッチの間をあけながら、アウトラインステッチで刺します。

⑤　髪のラインが1本刺せました。

⑥　同様に、——のラインを刺します。

> ここではわかりやすい順番でステッチを解説していますが、刺しゅうする順番に決まりはありません。やりやすい順番で刺しましょう。

### Point アウトラインステッチ・まびきアウトラインステッチ

[アウトラインステッチ]
●細いライン　　●太いライン

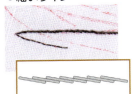
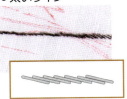

細いラインは1目の角度をゆるく、重なりを少なくします。太くなるに従って、角度をきつく、重なりを多くします。

[まびきアウトラインステッチ]
●少しまびく　　●多めにまびく

アウトラインステッチは通常間をあけませんが、原画のかすれや薄いラインを表現するために間をあけてステッチします。少し薄いラインのときは少しまびき、より薄いラインのときは多めにまびきます。

## 4 前髪と頭の上の髪を刺します

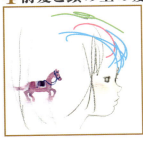

①　——のラインをアウトラインステッチ（1本どり）で刺し始め、続けてまびきアウトラインステッチで刺します。

②　——のラインを同様に刺します。

③　——のラインをアウトラインステッチ、まびきアウトラインステッチで刺します。

29

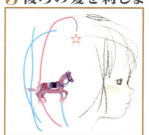

## 5 後ろの髪を刺します

ランニングステッチ →

❹ ❸のラインの続きを、アウトラインステッチで刺します。

❶ ――のラインを刺します。端（☆）からランニングステッチ（1本どり）で刺します。

❷ 続けてバックステッチ（1本どり）で刺します。

### Point ランニングステッチ

● この本のランニングステッチ　　● 通常のランニングステッチ

原画のかすれた細いラインなどに使っているステッチです。通常のランニングステッチは間隔を揃えますが、ここではステッチの長さや間隔を揃えないのがポイントです。揃えない方が、自然なラインに見えます。

## 6 目のまわりを刺します

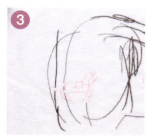

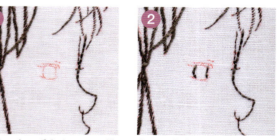

❸ ――の太いラインをアウトラインステッチ、細いラインをバックステッチ（1本どり）で刺します。

❶ 左目のまつ毛とおでこの横の細いラインをバックステッチ（1本どり）で刺します。

❷ 右目の左右をバックステッチ（3本どり）で刺します。

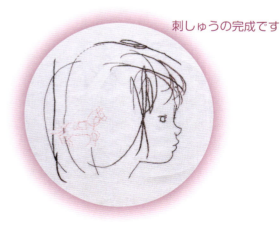

刺しゅうの完成です

❸ 2本どりで目の上下とまぶたの上のラインを刺します。

❹ 1本どりで目の端とまぶたのラインを刺します。

# 羊毛刺しゅうのレッスン

## 1 ベースの色を刺します

①
羊毛（紫）をちぎってとり、軽くほぐして繊維の方向をばらけさせます。

②
❶をニードルで布に刺しつけます。

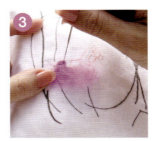
③
形を整えながらくり返し刺します。

④
図案線に沿って刺しつけます。

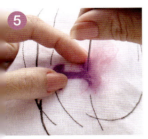
⑤
❶～❹をくり返し、図案線の中を埋めていきます。

⑥
端などの薄くしたい部分は、羊毛を薄くのばして刺します。余分ははさみで切ります。

### Point 羊毛刺しゅうの刺し加減

指で表面を軽くなでて、羊毛が動かなくなっていれば大丈夫です。厚みは地の布が透けない程度あればいいでしょう。

⑦
ベースの紫が刺せました。

⑧
くらの白部分を同様に刺しつけます。

⑨
くらの濃い紫部分を刺しつけます。

## 2 色を重ねます

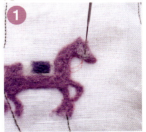
①
白を薄くのばし、頭に刺しつけます。

### Point 色を重ねる

境目はなじむように、薄く広げて刺します。ベースの色と重ねる色を何度か重ねて刺すをくり返すと、より自然に色が混ざります。

②
同様に、ボディ・足・しっぽに白を薄く重ねます。

③
赤紫を重ねます。

31

## 3 パーツを刺しつけ、仕上げます

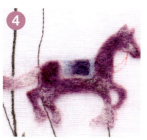
❶ 青少量をさいてとり、軽くねじります。

❷ 軽くねじりながら、線状に刺しつけます。

❸ 端まで刺しつけ、余分ははさみで切ります。

❹ くらに薄青を重ねます。

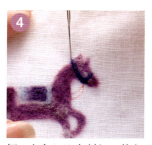
❹ 切ったところを刺して整えます。

❺ 同様に、青のライン部分を刺しつけます。

❻ グレーを指で軽く丸め、目に刺しつけます。

❼ 端の薄くしたい部分の厚みを、はさみでそぐように切ります。

### Point 羊毛刺しゅうの裏側

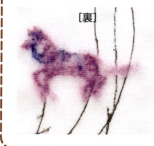
[裏]

羊毛刺しゅうの裏側は、このように、フワフワになっています。

馬の羊毛刺しゅうの完成です

## 4 少女の目の中に色をつけます

生成り少量を目の中に刺しつけます。

### できあがり!!

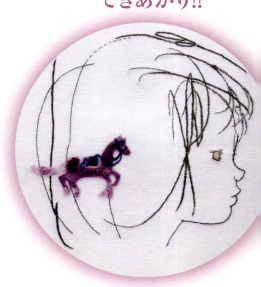

32

# 刺しゅう&羊毛刺しゅう共通の基礎

## 布の準備

刺しゅうには、厚すぎず、布目がある程度詰まっている平織りの布が適しています。布が薄手のときは、接着芯を貼りましょう。
羊毛刺しゅうや、刺しゅうと羊毛刺しゅうの組み合わせの作品は、布目が詰まりすぎていない布に接着芯を貼るのがおすすめです。針が通るか、布端で試してから制作しましょう。

● 接着芯について

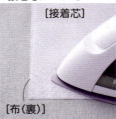

[接着芯]
[布(裏)]

接着芯は薄手の布タイプを使います。刺しゅうする布の布目をアイロンで整えてから、裏に接着芯を貼ります。アイロンはすべらせず、しっかり押さえるようにかけましょう。

## 図案の写し方

● 印つけペンで写す方法

1
図案をコピーするか、トレーシングペーパーなどに写します。

2
段ボールなどの上で、目打ちで印をつけたい部分に穴をあけます。

**Point**
印の穴はきわにあけるほか、色の境界線など、必要な部分にあけます。刺しゅうのラインの場合は、中心線にあけます。

3
布にセロハンテープやまち針で仮どめします。

4
穴をあけたところに、印つけペンで点で印をつけます。

5
点と点をつないで、線にします。

**Point**
どの点と点をつなぐのかわからなくならないように、型紙ははずさずに、めくりながらつないでいきましょう。

6
印がつきました。

● 印つけペンについて

熱で消えるペンや水で消せるチャコペンを使います。何色か用意しておくと、ステッチの変わり目で色をかえたり、ラインが混み合っている場合に印の色をかえたりもできて便利です。

● チャコペーパーで写す方法

[透明セロハン]
[図案]
[チャコペーパー]
[布]

布にチャコペーパー・図案・透明セロハンを重ねてまち針などでとめ、ボールペンや手芸用トレーサーでなぞって写します。

## 作品の仕上げ方

[作品(裏)]
[アイロン台]　[タオル]

アイロン台に白いタオルを敷き、作品を裏にして置き、アイロンをかけます。タオルがあることで、刺しゅう部分がつぶれずに仕上がります。

# 刺しゅうの基礎

## この本で使っている材料・用具

**刺しゅう糸**

25番刺しゅう糸を使います。細い糸6本が1本になっています。束から約50～60cm引き出して切り、1本ずつ引き抜き、必要な本数を合わせます。

※作り方ページの(DMC+数字)は色番号です。

● 刺しゅう針

(　)本どりの本数に合った針を使いましょう。

● 刺しゅう枠

布が厚手の場合は必要ありませんが、薄手の場合は使いましょう。

## この本で使われているステッチ

● バックステッチ　解説 P.28

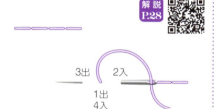

● アウトラインステッチ

[通常]　　　　　[まびきアウトラインステッチ]　解説 P.29

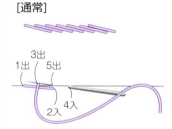

● ランニングステッチ　解説 P.30

● ストレートステッチ]

● サテンステッチ

[通常]

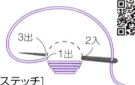

[まびきサテンステッチ]

アウトラインステッチと同様に、通常のサテンステッチの間を間引くように刺します。

● フレンチナッツステッチ

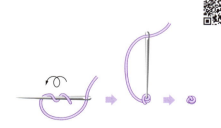

● ロングアンドショートステッチ

はじめはロングとショートで刺し、次からは一定の長さで、1目おきに埋めるように刺します。

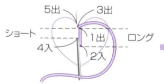

# 羊毛刺しゅうの基礎

## この本で使っている材料・用具

● フェルト羊毛

フェルティング用のウール素材です。いろいろな色があり、混ぜることもできます。端からちぎって使います。

● フェルティング用ニードル
● ニードルホルダー

ニードルは極細タイプを使います。ニードルホルダーはなくても大丈夫ですが、針を1本または2本セットできるので、面を刺すときなどは2本で刺すと早くまとまります。

※作り方ページの（　）内の数字は色番号です。

● フェルトパンチャー用ブラシマット

羊毛刺しゅうをするときは、このマットを布の下に置いて作業します。

● はさみ

余った部分をカットしたり、刺し終えた羊毛の端をそぐのに使います。手芸用のよく切れるはさみを使いましょう。

## 基本の刺し方

**1** ブラシマットの上に布を乗せます。

**2** 羊毛を軽くほぐして繊維の方向をばらけさせます。

**3** ❷を布にのせ、ニードルで布に刺しつけます。

### Point

○ ニードルはまっすぐ刺し、まっすぐ抜きます。

× 途中で針の角度を変えると、曲がったり折れたりするので注意しましょう。

**4** 形を整えながら、くり返し刺します。

**5** ❷〜❹をくり返し、図案線の中を埋めます。

**6** 上から色を乗せるときも、❷〜❹と同様にします。

**7** 全体が布に定着するまで刺し、できあがりです。

### Point

羊毛刺しゅうの裏側です。このようにフワフワになっています。

## 掲載作品の作り方

### わらびを持つ少女

#### ● 材　料 ●
25番刺しゅう糸：グレー(DMC04)
フェルト羊毛：白(1)・濃い紫(26)・緑(27)・黄緑(33)・黄(35)・クリーム(42)・薄水色(44)・濃い緑(46)・ベージュ(802)・濃いベージュ(803)・薄いグレー(805)・ミックスピンク(814)・グレー(816)

#### ● 刺し方 ●
※バックS1本＝バックステッチ1本どり
※（　）は羊毛刺しゅうの色

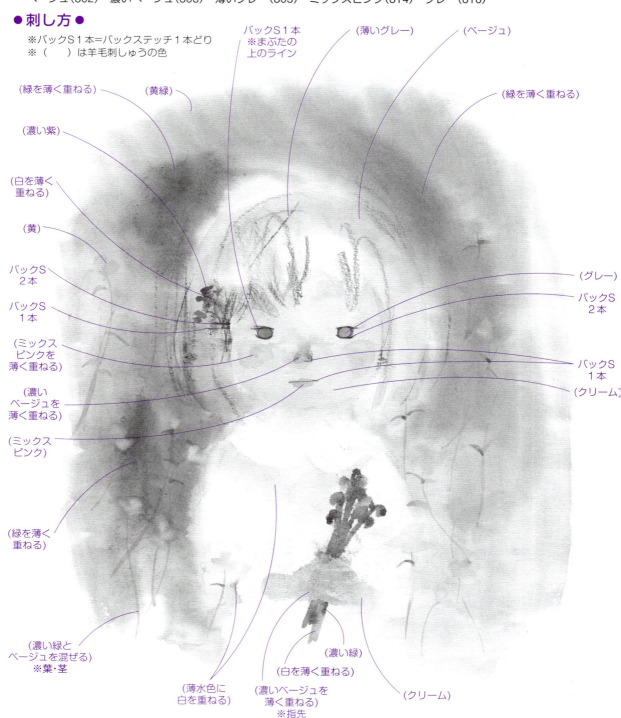

# チューリップとあかちゃん

## ● 材 料 ●

フェルト羊毛：白(1)・モスグリーン(3)・
オレンジ(5)・薄青(7)・濃いオレンジ(16)・
赤(23)・濃い赤(24)・緑(27)・
薄だいだい(29)・濃いこげ茶(31)・
黄緑(33)・クリーム(42)・生成り(801)・
濃いベージュ(803)・ミックスピンク(814)・
グレー(816)・ピンク(833)

## ● 刺し方 ●

※（ ）は羊毛刺しゅうの色

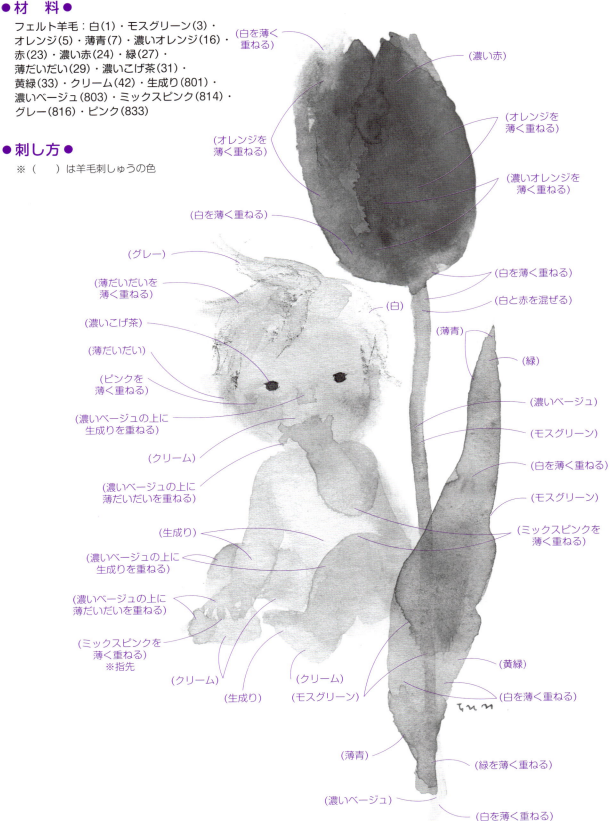

# 貝がらと三つ編みの少女

● 材　料 ●

25番刺しゅう糸：グレー（DMC317）

● 刺し方 ●

※バックS1本＝バックステッチ1本どり
※｜は刺しゅうの切りかえ位置
※指定以外はアウトラインS2本

# ひまわりとあかちゃん

作品 P.9 図案 P.68

● 材　料 ●

フェルト羊毛：白(1)・赤(24)・こげ茶(30)・濃いこげ茶(31)・
クリーム(42)・黄(45)・ミックス茶(206)・ミックスグレー(216)・
生成り(801)・濃いベージュ(803)・ミックスピンク(814)

● 刺し方 ●

※（　）は羊毛刺しゅうの色

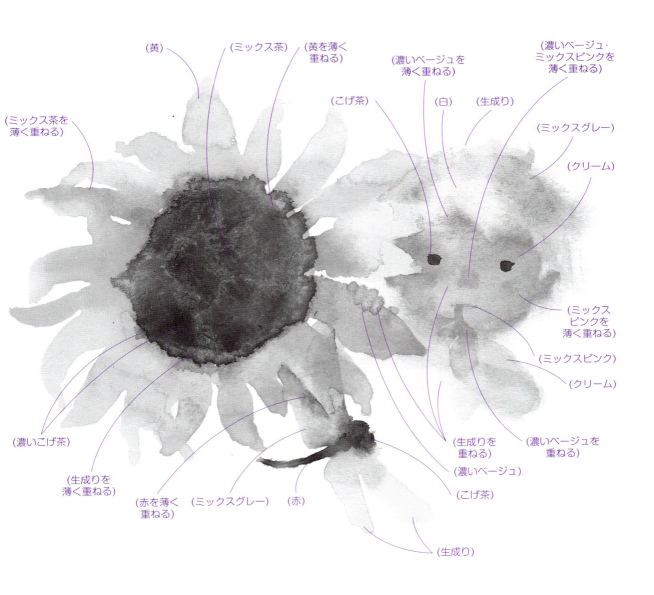

39

# ぶどうを持つ少女

作品 P.10　図案 P.70

● 材　料 ●

フェルト羊毛：白(1)・ピンク(2)・モスグリーン(3)・赤(24)・薄紫(25)・
濃い紫(26)・こげ茶(30)・濃いこげ茶(31)・クリーム(42)・赤紫(48)・
濃いピンク(56)・紫(57)・ミックス赤(215)・生成り(801)・ベージュ(802)・
濃いベージュ(803)・薄いグレー(805)・ミックスピンク(814)

● 刺し方 ●

※（　）は羊毛刺しゅうの色

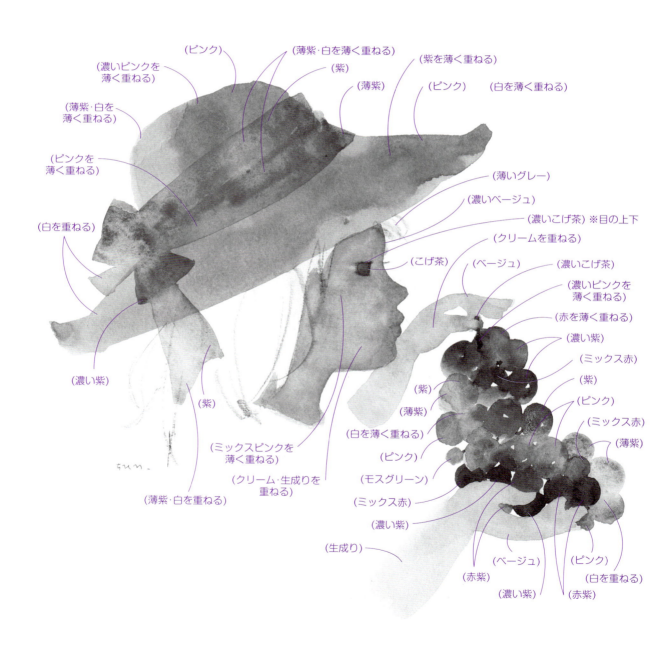

# 落ち葉とどんぐりと子ども

● 材　料 ●

フェルト羊毛：白(1)・ピンク(2)・青(4)・
オレンジ(5)・黒(9)・濃いオレンジ(16)・
赤(23)・濃い赤(24)・こげ茶(30)・
濃いこげ茶(31)・黄緑(33)・クリーム(42)・
黄(45)・赤紫(48)・グレー(55)・
ミックスオレンジ(201)・
ミックス茶(212)・茶(220)・
生成り(801)・ベージュ(802)・
薄いグレー(805)

● 刺し方 ●

※（　）は羊毛刺しゅうの色

# 「雪のなかで」

## ● 材　料 ●
25番刺しゅう糸：ブルーグレー（DMC930）
フェルト羊毛：白(1)

## ● 刺し方 ●
※P.13フリースマフラーは羊毛刺しゅう無し
※バックS1本＝バックステッチ1本どり
※｜は刺しゅうの切りかえ位置
※（　）は羊毛刺しゅうの色

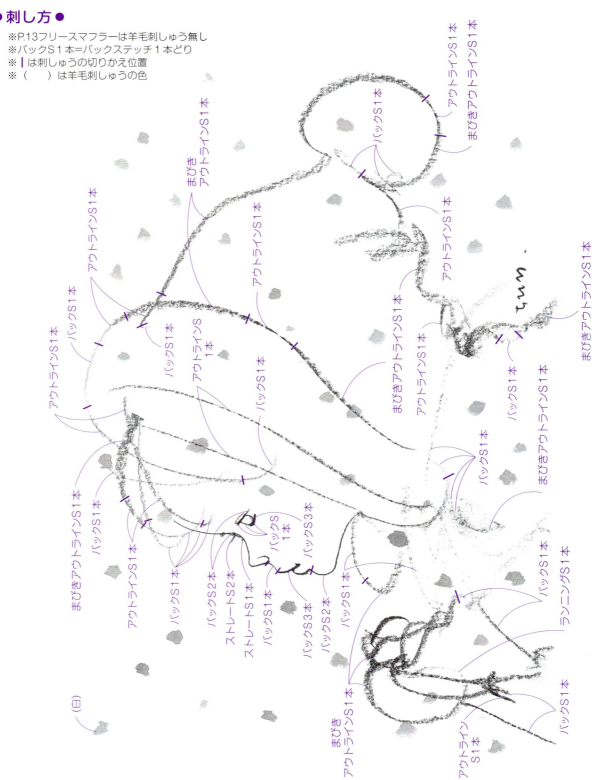

# 赤い毛糸帽の女の子

● 材　料 ●

フェルト羊毛：濃いオレンジ(16)・赤(23)・こげ茶(30)・
オレンジピンク(37)・濃いクリーム(21)・ミックス黒(209)・
ミックスベージュ(211)・ベージュ(802)・薄いオレンジ(822)

● 刺し方 ●

※（　）は羊毛刺しゅうの色

# 花を持つフリルのワンピースの女の子

● 材　料 ●
25番刺しゅう糸：こげ茶（DMC844）

● 刺し方 ●
※バックS1本＝バックステッチ1本どり
※｜は刺しゅうの切りかえ位置
※指定以外はバックS2本

44

# 小さな花を持つワンピースの女の子

● 材　料 ●
25番刺しゅう糸：ブルーグレー（DMC931）

● 刺し方 ●
※バックS1本＝バックステッチ1本どり
※｜は刺しゅうの切りかえ位置
※指定以外はバックS1本

45

## 着がえをする女の子

### ● 材　料 ●
25番刺しゅう糸：えんじ（DMC814）

### ● 刺し方 ●
※バックS1本＝バックステッチ1本どり
※｜は刺しゅうの切りかえ位置
※指定以外はバックS2本

## 買いもの袋を抱える男の子

### ● 材　料 ●
25番刺しゅう糸：グレー（DMC414）

### ● 刺し方 ●
※バックS1本＝バックステッチ1本どり
※｜は刺しゅうの切りかえ位置
※指定以外はバックS2本

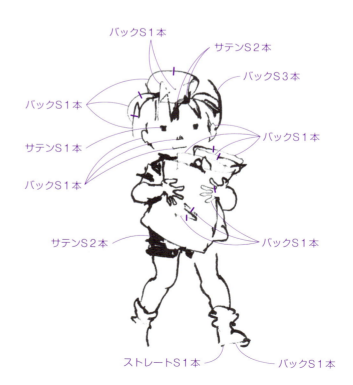

# ヤシの木に登る男の子

## ● 材　料 ●

25番刺しゅう糸：グレー（DMC646）
フェルト羊毛：生成り（801）・ベージュ（802）

## ● 刺し方 ●

※バックS1本＝バックステッチ1本どり
※┃は刺しゅうの切りかえ位置
※（　）は羊毛刺しゅうの色

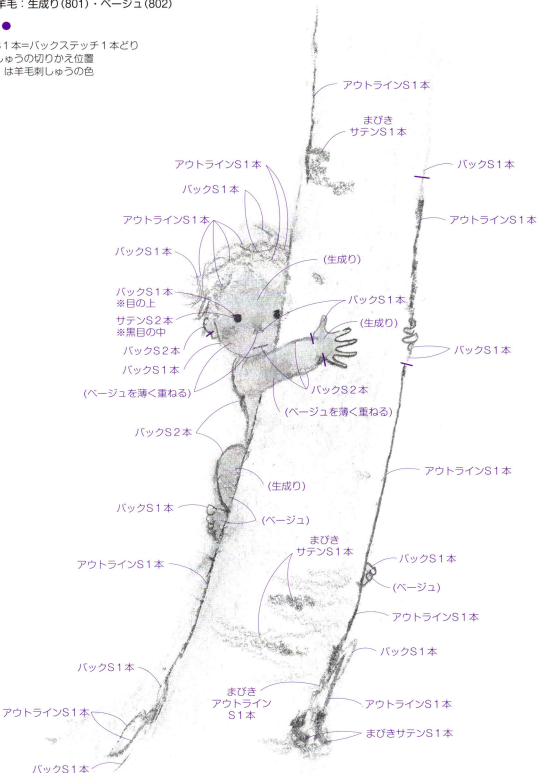

# 紫色の馬と少女 ※この作品はプロセス写真で詳しく解説しています（P28～32）

## ●刺し方●

※バックS1本＝バックステッチ1本どり
※┃は刺しゅうの切りかえ位置
※（　）は羊毛刺しゅうの色

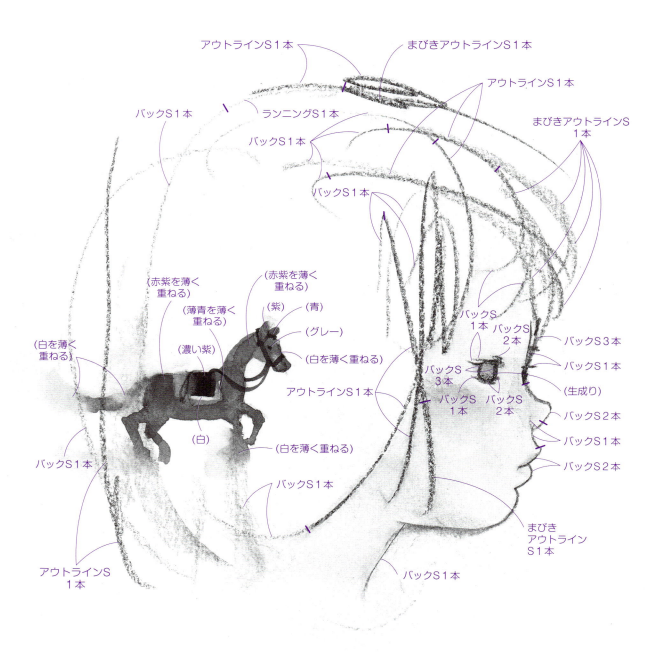

# ノースリーブの女の子

● 材　料 ●
25番刺しゅう糸：グレー（DMC317）

● 刺し方 ●
※バックS1本＝バックステッチ1本どり
※┃は刺しゅうの切りかえ位置
※指定以外はバックS1本

# のびをする子ども

● 材　料 ●
25番刺しゅう糸：深緑（DMC500）

● 刺し方 ●
※P.19ブックカバーは図案を70%縮小して使用
※バックS1本＝バックステッチ1本どり
※┃は刺しゅうの切りかえ位置
※指定以外はアウトラインS1本

# 左を向いてお座りする女の子

作品 P.20 図案 P.75

● 材　料 ●

25番刺しゅう糸：グレー（DMC413）

● 刺し方 ●

※バックS1本＝バックステッチ1本どり
※｜は刺しゅうの切りかえ位置

# おむつをしたあかちゃん

● 材　料 ●
25番刺しゅう糸：グレー（DMC03）

● 刺し方 ●
※バックS1本＝バックステッチ1本どり
※｜は刺しゅうの切りかえ位置
※指定以外はバックS1本

# ハイハイするあかちゃんの後ろ姿

● 材　料 ●
25番刺しゅう糸：茶（DMC840）

● 刺し方 ●
※バックS1本＝バックステッチ1本どり
※｜は刺しゅうの切りかえ位置

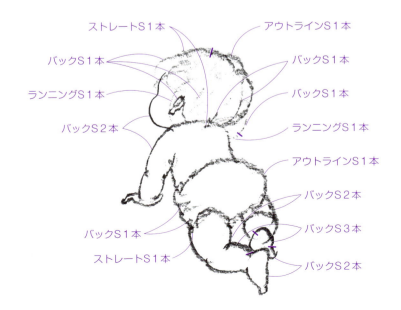

## 右手をくちにそえるあかちゃん

### ● 材　料 ●
25番刺しゅう糸：グレー（DMC04）
フェルト羊毛：ベージュ（802）・
薄いグレー（805）

### ● 刺し方 ●
※バックS1本＝バックステッチ1本どり
※（　）は羊毛刺しゅうの色
※指定以外はバックS2本

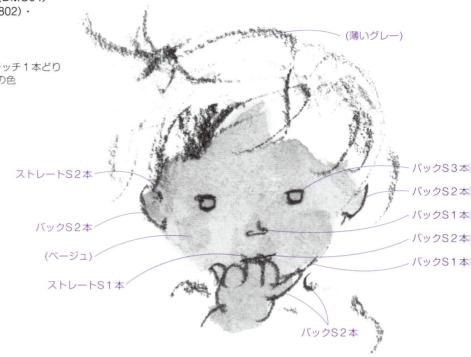

## 左利きのあかちゃん

### ● 材　料 ●
25番刺しゅう糸：グレー（DMC317）

### ● 刺し方 ●
※バックS1本＝バックステッチ1本どり
※｜は刺しゅうの切りかえ位置
※指定以外はバックS2本

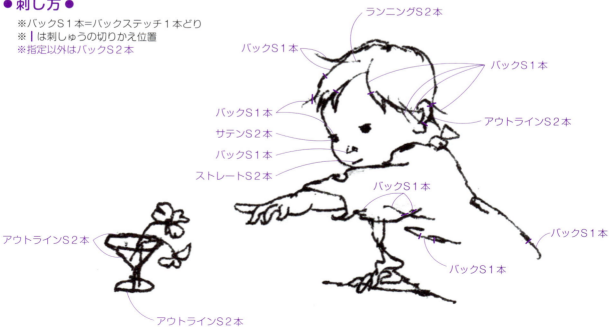

# スプーンを持つあかちゃん

● 材　料 ●

25番刺しゅう糸：こげ茶（DMC68）
フェルト羊毛：ベージュ（802）

● 刺し方 ●

※バックS1本＝バックステッチ1本どり
※│は刺しゅうの切りかえ位置
※（　）は羊毛刺しゅうの色
※指定以外はまびきアウトラインS1本

# アヒルとクマとあかちゃん

## ● 材 料 ●

25番刺しゅう糸：グレー（DMC04）
フェルト羊毛：白(1)・ピンク(2)・青(4)・オレンジ(5)・薄青(7)・
濃いオレンジ(16)・薄ピンク(22)・薄紫(25)・黄(35)・薄水色(38)・
クリーム(42)・グレー(55)・ミックスグレー(210)・生成り(801)・
ベージュ(802)・ミックスピンク(814)・ミックスパープル(823)

## ● 刺し方 ●

※（　）は羊毛刺しゅうの色
※バックS1本＝バックステッチ1本どり

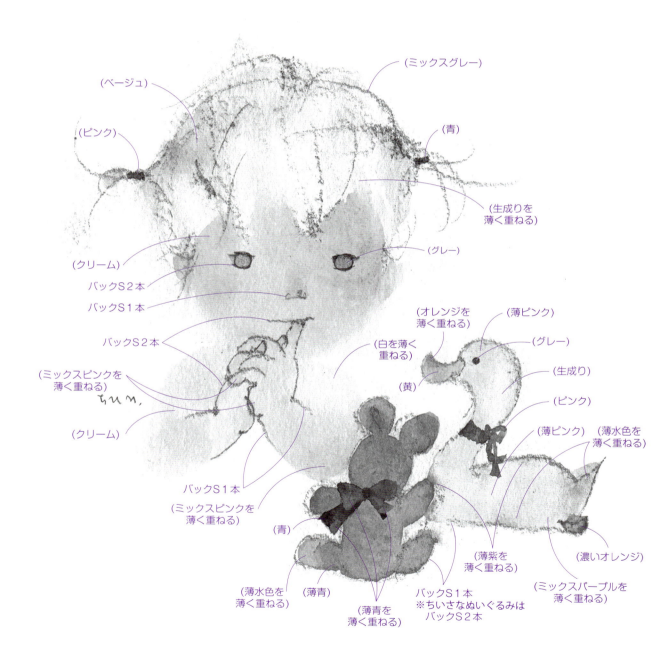

# くまのぬいぐるみ

● 材　料 ●

フェルト羊毛：黒(9)・黒茶ミックス(212)・
ミックス茶(220)・生成り(801)・濃いベージュ(803)

● 刺し方 ●

※ (　) は羊毛刺しゅうの色

# 赤い小鳥

● 材　料 ●

フェルト羊毛：白(1)・赤(23)・薄だいだい(29)・濃いこげ茶(31)・
黄(35)・薄いオレンジピンク(36)・生成り(801)・茶(804)

● 刺し方 ●

※ (　) は羊毛刺しゅうの色

# 青い鳥と少女

作品 P.26 図案 P.78

● 材　料 ●

フェルト羊毛：白(1)・青(4)・薄青(7)・
薄紫(25)・濃いクリーム(21)・グレー(55)・
生成り(801)・ベージュ(802)・薄いグレー(805)・
濃いグレー(806)・ミックスピンク(814)

● 刺し方 ●

※（　）は羊毛刺しゅうの色

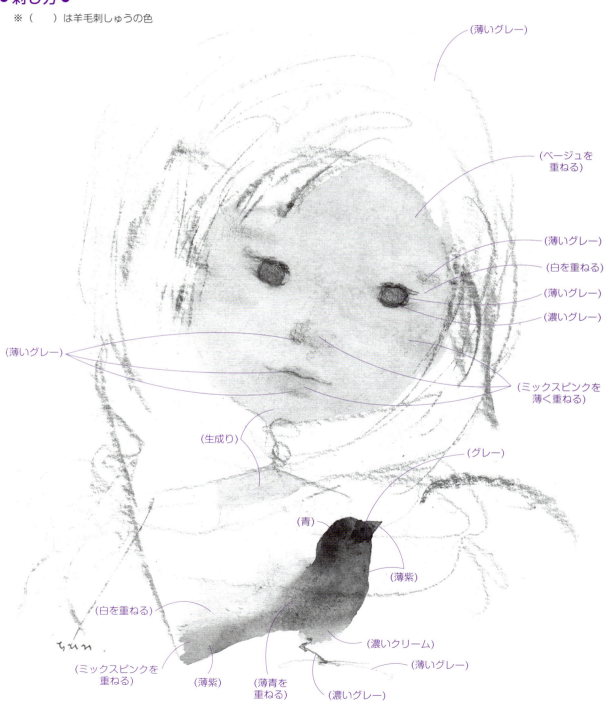

56

# ティーセットとグラスにさしたスイートピー

● 材　料 ●

25番刺しゅう糸：グレーベージュ（DMC3023）・赤紫（35）・
濃いピンク（3805）・ピンク（3609）・灰ピンク（3688）・
紺（823）・ブルー（161）・薄ブルー（3752）・オレンジ（3854）・
黄（17）・黄土（834）・赤（321）

● 刺し方 ●

※バックS1本＝バックステッチ1本どり
※指定のないステッチはサテンS1本

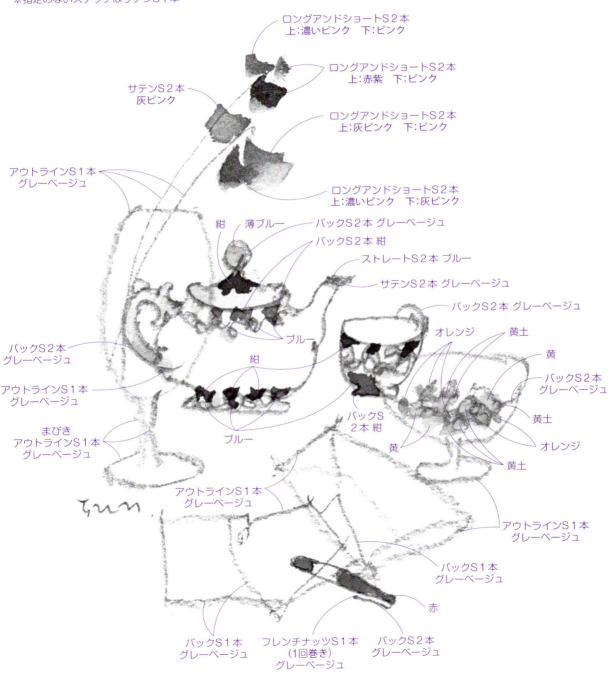

# ポケットトートバッグ

## ●材 料●
25番刺しゅう糸：紺(DMC3750)
本体・持ち手：布(木綿地)84㎝×35㎝
ポケット布：布(木綿地)18㎝×15㎝
内布：布(木綿地)70㎝×26㎝
接着芯 84㎝×46㎝

## ●作り方●

### 1 ポケットを作ります
❶裏に接着芯を貼り、刺しゅう
❷布を裁ち、ジグザグミシンまたはロックミシン

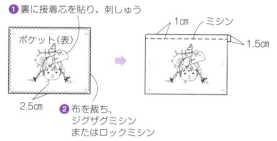

### 2 本体にポケットをつけます
❶裏に接着芯を貼り、ジグザグミシンまたはロックミシン
❷ミシン

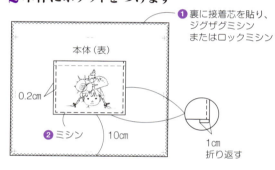

### ●製 図●
※( )は縫い代

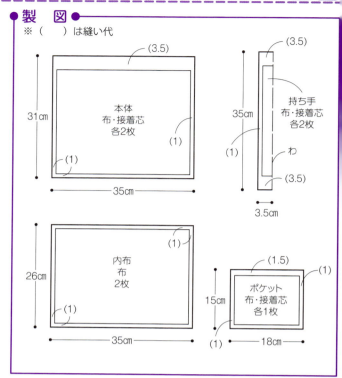

### 3 持ち手を作ります
裏に接着芯を貼り、上下にジグザグミシンまたはロックミシン

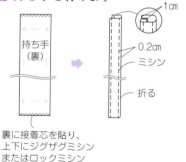

### 4 本体に持ち手をつけます

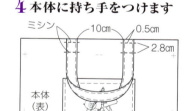

### 5 本体を縫い合わせます

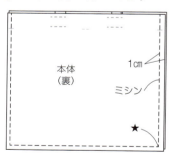

### 6 内布を縫い合わせます

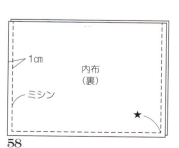

### 7 本体と内布のマチを縫います

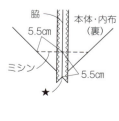

### 8 本体の入れ口を縫い、内布をつけます
❶本体の入れ口を折り返す
❷ミシン
❸内布の入れ口を折り返す
❹内布を本体に入れる
❺まつり縫いで縫いつける

## フリースマフラー

### ● 製 図 ●
※（ ）は縫い代

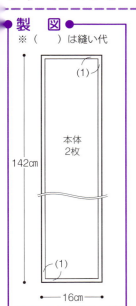

### ● 材 料 ●
25番刺しゅう糸：水色(DMC3755)
布(フリース地)142cm×32cm
接着芯 適量

### ● 作り方 ●
#### 1 刺しゅうをし、布を裁ちます

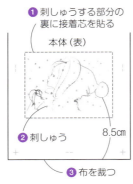

① 刺しゅうする部分の裏に接着芯を貼る
② 刺しゅう
③ 布を裁つ

#### 2 本体を縫い合わせます

#### 3 表に返してとじます

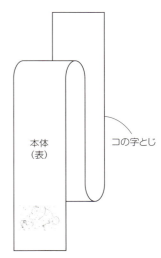

コの字とじ

---

## フリル巾着

### ● 製 図 ●
※（ ）は縫い代

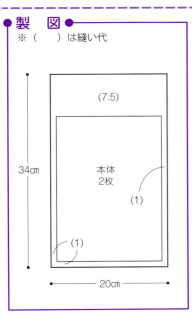

### ● 材 料 ●
25番刺しゅう糸：青(DMC797)
布(木綿地)40cm×34cm
サテンリボン(0.3cm幅)120cm

### ● 作り方 ●
#### 1 刺しゅうをし、端を始末します

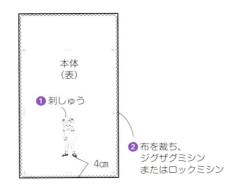

① 刺しゅう
② 布を裁ち、ジグザグミシンまたはロックミシン

#### 2 脇と底を縫い合わせます

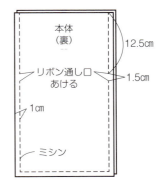

#### 3 入れ口を縫います

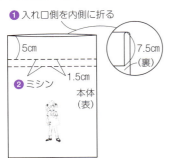

① 入れ口側を内側に折る
② ミシン

#### 4 リボンを通します

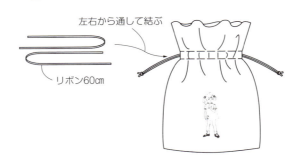

左右から通して結ぶ
リボン60cm

# ブックカバー

## ●材　料●
25番刺しゅう糸：こげ茶(DMC3781)
布(木綿地)41㎝×19.2㎝
接着芯 41㎝×19.2㎝
サテンリボン(0.3㎝幅)47㎝

## ●製　図●
※( )は縫い代

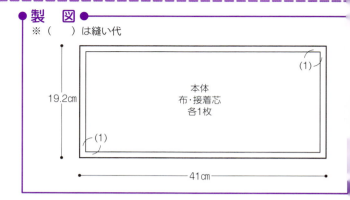

## ●作り方●

### 1 刺しゅうをし、端を始末します

### 2 リボンをはさんで上下を縫います

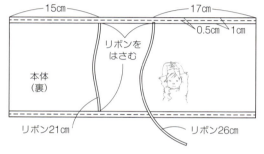

### 3 左右を縫います

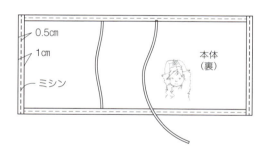

### 4 右側を折り、縫います

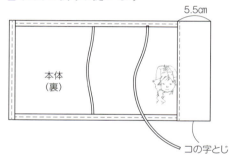

### 5 できあがり

# ちいさなぬいぐるみ

## ●材　料●
布(リネン地)30㎝×15㎝
接着芯 15㎝×15㎝
手芸わた 適量

(アヒル)
25番刺しゅう糸：グレー(DMC03)
フェルト羊毛：ピンク(2)・
オレンジ(5)・濃いオレンジ(16)・
薄ピンク(22)・薄紫(25)・
黄(35)・薄水色(38)・
グレー(55)・生成り(801)・
ミックスパープル(823)

※くまの羊毛刺しゅうの材料はP.55

## ●作り方●

### 1 刺しゅうをし、布を裁ちます

### 2 裏布を裁ちます

# ベビースタイ

### ● 製 図 ●
※縫い代1cmつけて裁つ

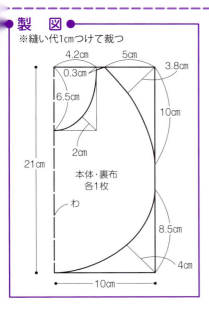

### ● 材 料 ●
25番刺しゅう糸：ばら色（DMC3328）
本体：布（ガーゼ地）22cm×23cm
裏布：布（木綿地）22cm×23cm
接着芯 適量
サテンリボン（0.6cm幅）80cm

### ● 作り方 ●

**1** 刺しゅうをし、布を裁ちます

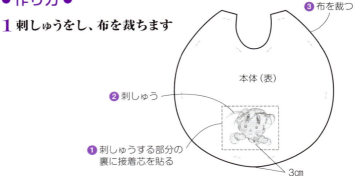

**2** リボンをつけます。

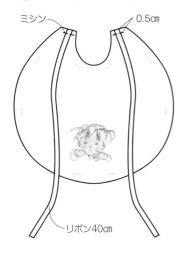

**3** 本体のまわりを縫います。

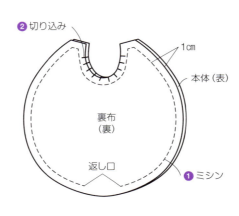

**4** 表に返して縫います。

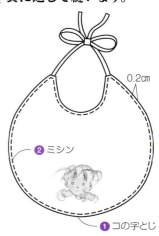

**3** 表布・裏布を縫い合わせます

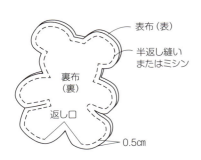

**4** 切り込みを入れます

**5** 表に返し、わたを入れ、とじます

※アヒルもくまと同様に作ります

## フレームの仕立て方

作品 P.7.11.17

### ●ボードフレーム仕立てにする場合●

イラストボードやスチレンボードを台紙にします。

### ●額縁のフレーム仕立てにする場合●

額縁に台紙がついている場合は、それを使います。ついてない場合は厚紙をサイズに切って台紙にします。

### 1 台紙に合わせて布を裁ちます

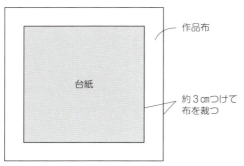

### Point

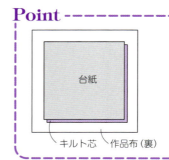

羊毛刺しゅうをフレームに仕立てるときは、キルト芯を台紙と同サイズに切り、作品と台紙の間にはさむと、裏の厚みで布が波打つことを防ぐので仕上がりがきれいです。

### 2 台紙に合わせて印をつけます

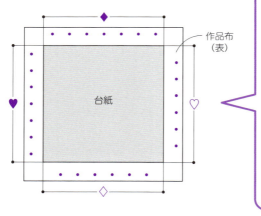

印のつけ位置

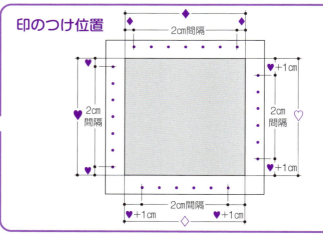

### 3 台紙に作品布を張ります

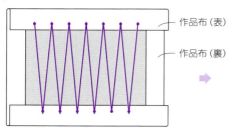

上下を折り返し、軽く引っ張りながら縫い糸で印の位置をジグザグに縫う

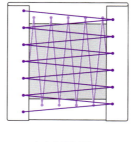

左右を折り返し、同様に縫う

※ボードフレーム仕立ての場合は、まわりにグログランリボンなどを貼るといいでしょう

# この本で使用したいわさきちひろ作品一覧

### P.6 わらびを持つ少女

絵本『あかまんまとうげ』
表紙
童心社
1972年
水彩・鉛筆
360×240mm

### P.7 チューリップとあかちゃん

ポスター
1971年
水彩・鉛筆
331×231mm

### P.8 貝がらと三つ編みの少女

1960年代後半
インク
70×84mm

### P.9 ひまわりとあかちゃん

ポスター
1971年
水彩
281×283mm

### P.10 ぶどうを持つ少女

絵雑誌「こどものせかい」
1973年10月号
至光社
1973年
水彩・鉛筆
358×380mm

### P.11 落ち葉とどんぐりと子ども

教科書「小学新国語」
光村図書出版
1962年
水彩
273×192mm

### P.12 「雪のなかで」

新聞「新潟日報」
1973年1月9日ほか
新潟日報社
1972年
鉛筆・墨
236×347mm

### P.13 赤い毛糸帽の女の子

絵本
『ゆきのひのたんじょうび』
表紙
至光社
1972年
水彩
327×361mm

### P.14 花を持つフリルのワンピースの女の子

機関紙「赤旗」
日本共産党中央委員会
1960年代
インク
92×173mm

### P.15 小さな花を持つワンピースの女の子

1960年代後半
インク
179×121mm

### P.16上 着がえをする女の子

1967年
インク
179×151mm

### P.16下 買いもの袋を抱える男の子

雑誌「ミセス」
1971年8月号
文化出版局
1971年
インク
149×95mm

### P.17 ヤシの木に登る男の子

絵本『母さんはおるす』
新日本出版社
1972年
鉛筆・墨
240×155mm

### P.18 紫色の馬と少女

雑誌「子どものしあわせ」
1972年1月号表紙
草土文化
1971年
水彩・鉛筆
320×230mm

### P.19右 ノースリーブの女の子

雑誌「ミセス」
1971年1月号
文化出版局
1970年
インク
110×112mm

### P.19左 のびをする子ども

機関紙「赤旗」
日本共産党中央委員会
1960年代
インク
123×81mm

### P.20 左を向いてお座りする女の子

雑誌「ミセス」
1971年2月号
文化出版局
1970年
インク
143×178mm

### P.21上 おむつをしたあかちゃん

『育児の百科』
岩波書店
1967年
インク
122×180mm

### P.21下 ハイハイするあかちゃんの後ろ姿

『じょうぶに育てる
離乳食ノート』
女子栄養大学出版部
1972年
鉛筆
180×172mm

### P.22上 右手をくちにそえるあかちゃん

『百科 赤ちゃんの育て方』
主婦と生活社
1971年
鉛筆・水彩
106×86mm

### P.22下 左利きのあかちゃん

『家庭の教育2 幼年期』
岩波書店
1965年
インク
181×258mm

### P.23 スプーンを持つあかちゃん

『百科 赤ちゃんの育て方』
主婦と生活社
1971年
鉛筆・水彩
68×90mm

### P.24 アヒルとクマとあかちゃん

ポスター
1971年
水彩・鉛筆
241×234mm

### P.25 くまのぬいぐるみ

絵本『あかちゃんのくるひ』
至光社
1969年
水彩・鉛筆
381×540mm

### P.26上 青い鳥と少女

図書目録
「よい子の本だな」
表紙
岩波書店
1972年
水彩・鉛筆
344×217mm

### P.26下 赤い小鳥

『美しい会話』
千趣会
1971年
水彩
90×77mm

### P.27 ティーセットとグラスにさしたスイートピー

『美しい会話』
千趣会
1971年
水彩・鉛筆
180×121mm

※掲載頁、作品タイトル、収録書名、出版社、制作年、
　材質・技法、サイズ（縦×横㎜）の順に記載しています。
※一覧に掲載されている作品は、すべてちひろ美術館
　（Chihiro Art Museum）の所蔵です。

## この本の図案

※この図案は刺しゅう用で、いわさきちひろの作品のサイズとは異なります。
※ご家庭で楽しむ以外の複製はご遠慮ください。

## わらびを持つ少女

● 実物大の図案 ●

## チューリップとあかちゃん 作品 P.7 刺し方 P.37

●実物大の図案●

## 買いもの袋を抱える男の子 作品 P.16 刺し方 P.46

●実物大の図案●

## 貝がらと三つ編みの少女

● 実物大の図案 ●
※P.9ポケットトートバッグは図案を80％縮小して使用

## 赤い毛糸帽の女の子

● 実物大の図案 ●

## ひまわりとあかちゃん

●実物大の図案●

## 着がえをする女の子

●実物大の図案●

# 落ち葉とどんぐりと子ども

作品 P.11　刺し方 P.41

● 図　案 ●

※120%拡大して使用

## ぶどうを持つ少女

● 実物大の図案 ●

## のびをする子ども

● 実物大の図案 ●

※P.19ブックカバーは
図案を70%縮小して使用

# 「雪のなかで」

● **実物大の図案** ●

※P.13フリースマフラーは図案を60％縮小して使用

## 小さな花を持つワンピースの女の子 作品P.15 刺し方P.45

● 実物大の図案 ●

※P.15フリル巾着は図案を60％縮小して使用

## 花を持つフリルのワンピースの女の子 作品P.14 刺し方P.44

● 実物大の図案 ●

| ノースリーブの女の子 | 作品 P.19 / 刺し方 P.49 | ヤシの木に登る男の子 | 作品 P.17 / 刺し方 P.47 |

●実物大の図案●　　　　　　　　　　　●実物大の図案●

# 紫色の馬と少女

● 実物大の図案 ●

作品 P.18　プロセス P.28　刺し方 P.48

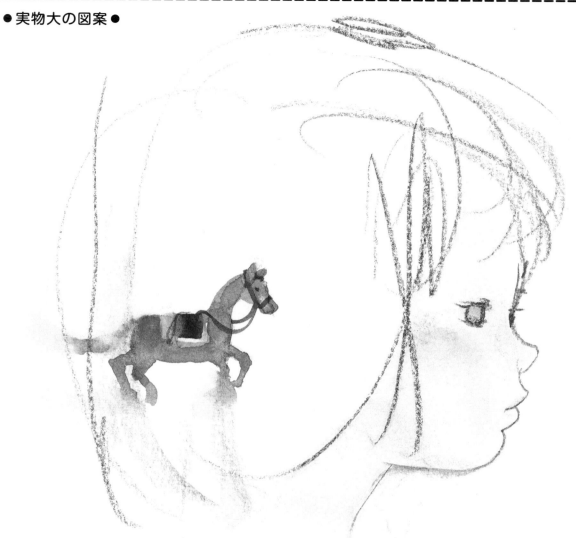

# ハイハイするあかちゃんの後ろ姿

作品 P.21　刺し方 P.51

● 実物大の図案 ●

## おむつをしたあかちゃん

作品 P.21　刺し方 P.51

● 実物大の図案 ●

## 左を向いてお座りする女の子

作品 P.20　刺し方 P.50

● 実物大の図案 ●

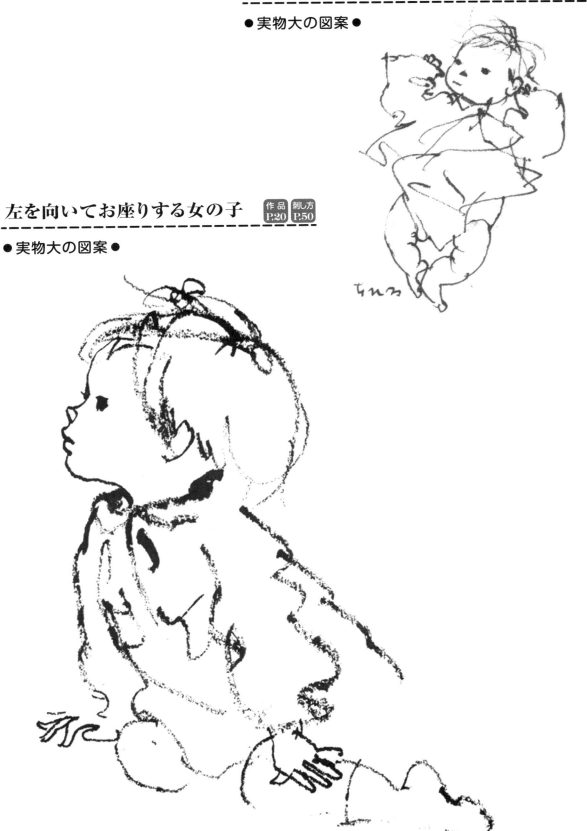

## 右手をくちにそえるあかちゃん

● 実物大の図案 ●

## くまのぬいぐるみ

● 実物大の図案 ●

※P.25ちいさなぬいぐるみは図案を160％拡大して使用

## スプーンを持つあかちゃん

● 実物大の図案 ●

※P.23ベビースタイは図案を50％縮小して使用

# 左利きのあかちゃん

● 実物大の図案 ●

# アヒルとクマとあかちゃん

● 実物大の図案 ●

※P.25ちいさなぬいぐるみは
　図案のアヒル部分を
　190％拡大して使用

77

# 青い鳥と少女

● 図　案 ●
※120%拡大して使用

# 赤い小鳥

● 実物大の図案 ●

# ティーセットとグラスにさしたスイートピー

● 実物大の図案 ●

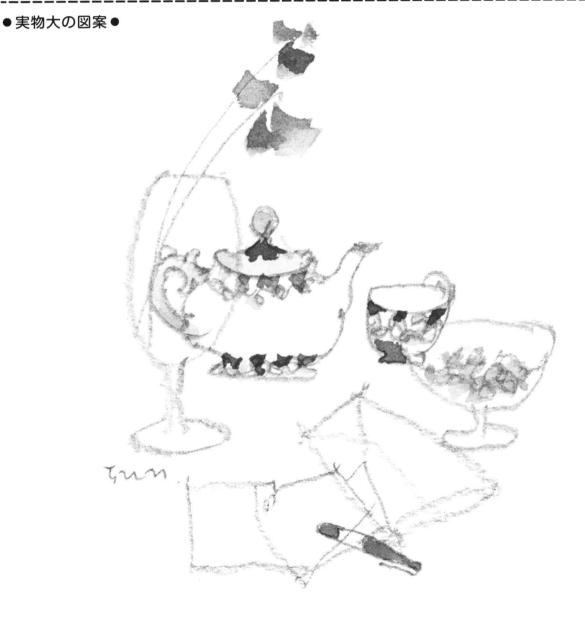

● 著者プロフィール

# 寺西 恵里子 てらにし えりこ

（株）サンリオに勤務し、子ども向けの商品の企画デザインを担当。退社後も"HAPPINESS FOR KIDS"をテーマに手芸、料理、工作を中心に手作りのある生活を幅広くプロデュース。その創作活動の場は、実用書、女性誌、子ども雑誌、テレビと多方面に広がり、手作りを提案する著作物は700冊を超える。

https://teranishi-eriko.co.jp

## 寺西恵里子の本

『カラフルかわいい！ふわふわモールドール』（小社刊）
『サンリオキャラクターズのフェルトマスコット＆リース』（日本ヴォーグ社）
『基本がいちばんよくわかる刺しゅうのれんしゅう帳』（主婦の友社）
『とびきりかわいくつくれる！私だけの推しぬい＆もちぬい』（主婦と生活社）
『刺しゅうで楽しむ スヌーピー＆フレンズ』（デアゴスティーニ）
『0・1・2歳のあそびと環境』（フレーベル館）
『かわいく役立つ 便利な折り紙こもの』（ブティック社）
『3歳からのお手伝い』（河出書房新社）
『ひとりでできるアイデアいっぱい貯金箱工作』（汐文社）
『おりがみであそぼ！』（新日本出版社）
『身近なもので作るハンドメイドレク』（朝日新聞出版）
『0～5歳児 発表会コスチューム 155』（ひかりのくに）
『30分でできる！かわいいうで編み＆ゆび編み』（PHP研究所）
『作りたい使いたいエコクラフトのかごと小物』（西東社）
『365日子どもが夢中になるあそび』（祥伝社）

## いわさきちひろ
Iwasaki Chihiro

世界中のこどもみんなに 平和と しあわせを

ちひろ美術館（公益財団法人いわさきちひろ記念事業団）の協力を得て、サンリオより商品化の際のロイヤリティの一部を以下団体に寄付いたします。

・公益社団法人 セーブ・ザ・チルドレン・ジャパン
　HP：https://www.savechildren.or.jp/
・認定NPO法人 全国こども食堂支援センター・むすびえ
　HP：https://musubie.org/about

LICENSE

● スタッフ

撮影　奥谷 仁　上原 タカシ　渡邊 遼生
デザイン　ネクサスデザイン
作品制作　森 留美子　はしだ みきこ　やべ りえ　池田 直子
作り方まとめ・作品制作　千枝 亜紀子
進行　鏑木 香緒里

【読者の皆様へ】
本書の内容に関するお問い合わせは、
お手紙またはメール（info@TG-NET.co.jp）にて承ります。
恐縮ですが、電話でのお問い合わせはご遠慮ください。
『刺繍で楽しむ　いわさきちひろの世界』編集部

＊この本に掲載された作品の、ご家庭で楽しむ以外の商用目的の複製を禁じます。
＊いかなる場合も店頭やネットショップ、バザーなどで販売することを禁じます。

---

## 刺繍で楽しむ　いわさきちひろの世界
2024年12月20日 初版第1刷発行

著者　寺西 恵里子
監修　ちひろ美術館
発行者　廣瀬 和二
発行所　株式会社 日東書院本社
　　　　〒113-0033　東京都文京区本郷1丁目33番13号 春日町ビル5F
TEL　03-5931-5930（代表）　FAX　03-6386-3087（販売部）
URL　http://www.TG-NET.co.jp
印刷　三共グラフィック株式会社　製本　株式会社セイコーバインダリー
© CHIHIRO ART MUSEUM
© 2024 SANRIO CO., LTD. TOKYO, JAPAN Ⓗ
© Eriko Teranishi 2024
Printed in Japan
ISBN 978-4-528-02457-1　C2077

● 協賛メーカー
※作り方ページの各材料の（ ）内の数字は、
　各協賛メーカーの色番号です。

［フェルト羊毛・ニードル］
ハマナカ株式会社
〒616-8585 京都市右京区花園薮ノ下町2番地の3
TEL 075-463-5151（代）　FAX 075-463-5159
ハマナカコーポレートサイト：hamanaka.co.jp
e-mailアドレス：info@hamanaka.co.jp
手編みと手芸の情報サイト「あむゆーず」：amuuse.jp

［刺しゅう糸］
ディー・エム・シー株式会社
〒101-0035 東京都千代田区神田紺屋町13番地
　　　　　山東ビル7F
TEL 03-5296-7831
https://www.dmc.com

本書の複製、転載（電子化を含む）および部分的にコピー、スキャンすることを禁じます。
乱丁・落丁はお取り替えいたします。小社販売部までご連絡ください。